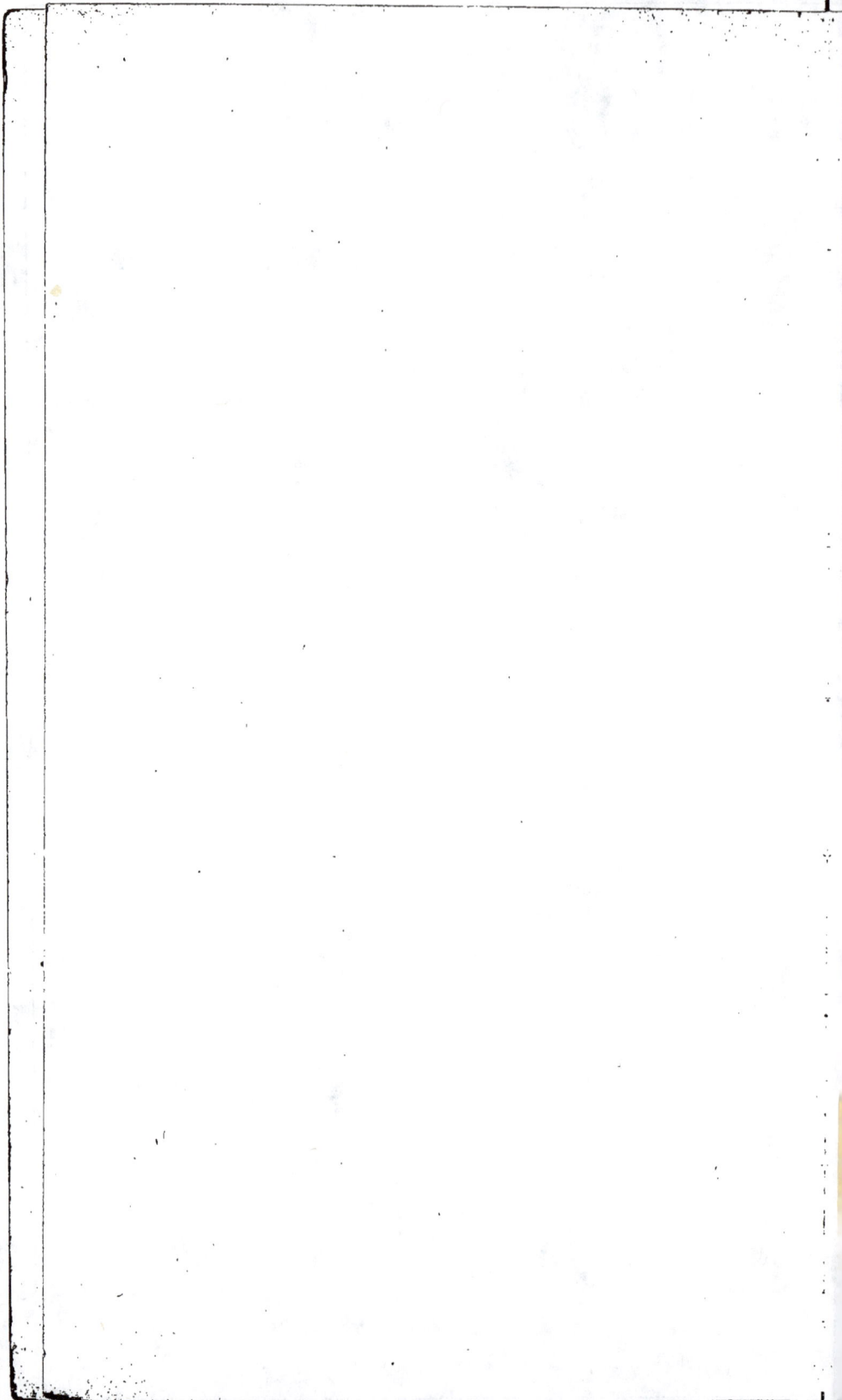

EXPÉDITION

DU

DUC DE LANCASTER

EN NORMANDIE

22 Juin — 26 Juillet 1356.

RELATION CONTEMPORAINE.

ROUEN

IMPRIMERIE LÉON DESHAYS ET Cⁱᵉ

Rue Saint-Nicolas, 28 et 30.

—

1872.

EXPÉDITION

DU DUC DE LANCASTER EN NORMANDIE

(22 juin — 26 juillet 1356.)

———

INTRODUCTION.

———

Jean II, roi de France, avait envoyé en Normandie des troupes chargées d'agir contre son gendre
Charles-le-Mauvais, roi de Navarre et comte d'É-
vreux, et de lui enlever les immenses domaines
qu'il possédait dans notre province ; mais celui-ci
ne s'était pas laissé prendre au dépourvu. Trop
faible pour résister sans un secours étranger, il
avait traité avec le roi d'Angleterre et ce monarque
s'était empressé de lui donner l'appui d'un corps
de gens de guerre de sa nation, placé sous le com-
mandement du duc de Lancaster.

Il existe une relation anonyme des opérations
de cette *chevauchée* à travers la Normandie. Tout

indique qu'elle a été rédigée par un Anglais, témoin oculaire ou du moins directement renseigné par des personnes qui avaient pris part à l'expédition.

Cette pièce, recueillie par Robert d'Avesbury, auteur d'une histoire du roi d'Angleterre, Edouard III, a été reproduite par M. Buchon, dans sa double édition de Froissart. A notre tour, nous la publions en brochure séparée, avec quelques notes. C'est en effet un document qui ne manque pas d'intérêt, et comme supplément aux chroniques françaises du temps, et comme specimen de ce qu'était devenue alors, de l'autre côté du détroit, la langue nouvelle que Guillaume-le-Conquérant avait implantée en Angleterre.

Le titre latin, placé en tête du texte, est celui que Robert d'Avesbury avait adopté.

A. C.

De transitu nobilis ducis Lancastriœ per medium
Normannorum ad removendum obsidiones castorum
de Pount-Odomer et Brioil regis Navarriœ.

———————◇———————

Ce sount les journés de la chivaché mounseir le
ducz de Lancastre en Normandie, q'avoit en sa com-
panye mounseir Johan de Montfort que chalange d'estre
ducz de Bretaingne, et de l'enfaunce avoit esté nurry
od le roy d'Engleterre. Et avoit V cents hommes
d'armes et VIII cents archiers, et sire Phelipe friere
au roy de Navarre et sire Godfray de Harecourt viendrent à ly od C hommes d'armes de la païs ; et Robert
Knolles amesna de garnisons de Bretaingne CCC
hommes d'armes et D archiers ; si qe mounseigneur
le ducz avoit en toutz DCCCC hommes d'armes et
mil CCCC archiers.

Et le mescredy proschain devant la feste de seint
Johan le Baptistre (1) se remua de l'abbeie de Mount-
burghe (2) en la isle de Constantin à Carant (3) hors

———————————————————

(1) En cette année 1356, la fête de Saint-Jean était le vendredi ;
c'est donc le 22 juin que la chevauchée se mit en marche.

(2) Montebourg, abbaye et forte bourgade à peu de distance de
Valognes.

(3) Carentan.

de l'isle V leages de la terre, dount chescun leagé est pluis long de II leages d'Engleterre, et demurreit illesqes la veille de la dite feste.

Et le vendredy en le dit feste il se remua en passaunt devaunt la forte ville de Seint Lou (1) tanqe à Trojoye (2) q'est d'illesqes VIII leages de la terre, et là demeureit-il le samady. Et la dismenge il se remua à Frosseye (3) par VII leages de la terre. Et la lundy il se remua en passaunt par devaunt Came (4) à la ville d'Argentyne (5) par VII leages de la terre. Et le mardy il se remua en passaunt le pount de Corboun (6) q'est une très graunt forteresse et le pluis fort passage qe soit del roialme en un mareis par VII leages de la terre, tanqe ai citée de Lyseux (7). Et le mescredy il se remua par VI leages de la terre tanqe à la ville et le chastiel du Pount-Odomer (8) qe sount au roy de Navarre, quelle chastiel fust assiégé ove très graunt nombre des gentz d'armes et arbalestriers.

(1) Saint-Lô.
(2) Trois-Gots ou Trungi. — Trungi, arrondissement de Bayeux, est plutôt dans la direction de Caen que Trois-Gots, arrondissement de Saint-Lô ; mais cette dernière localité remplit mieux les conditions de distance. Divers motifs pouvaient d'ailleurs porter les Anglais à s'écarter de la ligne droite.
(3) Qu'est-ce que Frosseye ? Peut-être Feuguerolles-sur-Seulle, s'il est vrai que les Anglais étaient partis de Trois-Gots. — Feuguerolles répond à peu près aux distances indiquées.
(4) Caen.
(5) Vraisemblablement le bourg d'Argences.
(6) Corbon.
(7) Lisieux.
(8) Pont-Audemer.

Et quaunt ils (1) oierent qe mounseigneur le ducz estoit passé le dit pount de Corboun, ils se fuirent de nuyt ove trop graunt haste, issint q'ils lasseront toutz lour engynne et artillers, arblastes, pavys et autres herneys diverses, où il demurreit le jeofdy et le vendredy (2) pour refaire les mynes q'ils avoient faitz très-biens et très-forts à chastiel si près q'ils ne faillerent fors qe de IIII piés de les murs del chastiel. Et fist vitailler le chastiel pour un an et mist leyns un chasteleyn, mounseigneur Johan de Luke chevalier de Braban od L hommes d'armes et L archiers de ses gentz.

Et le samady il se remua d'illesqes V leages de la terre à l'abbeie de Bek-Harlewin (3). Et la dismenge il se remua d'illesqes tanqe al ville de Counse (4) par VIII leages de la terre, où il fist assault al chastiel et gaigna la première garde du chastiel par force et le fist mettre en feu.

Et la lundy il s'en alla à Britoil (5) q'est au roy de Navarre, là où estoit un très-fort chastiel assiégé par les ennemys le dit roy : mais devaunt la venue mounseir le ducz ils se départiront d'illesqes : le quelle chastiel mounseir fist bien vitailler et s'en alla mesme la jour II leages d'un costé à une graunt ville muré appellé Vernoyl (6) q'est à la countesse d'Allansoun,

---

(1) *Ils*, c'est-à-dire les gens de guerre français commandés par Robert d'Houdetot et qui tenaient Pont-Audemer assiégé.
(2) Le 30 juin et le 1er juillet.
(3) Le Bec-Hellouin.
(4) Conches.
(5) Breteuil.
(6) Verneuil.

quelle ville mounseir gaigna par assaut, où là estoient
pris plusours prisonners et plusours biens.

Et tauntost mesme la lundy il fist assailler une tour
en la dite ville de Vernoyl q'estoit très-fort, et endura
l'assault tout cele jour, et la mardi et la mescredy
tanqe à l'heure de prime, quele heure la tour luy fust
renduz od toutz lo biens dedeinz la tour, en cele con-
dition q'ils deveroient aver lour vie et nient estre prisonners ; en quele assault fusrent plusours Engleiz
navfrez de quarels et de piers ; quele tour mounseir
fist destruire ; et avoit illesqes multz biens. Et la ville
de Vernoyl n'est qe XVIII leages de Paris, et est
appellé le chief de Normandy.

Et le jeofdy (1) mounseir demurra illesqes pour
refrescher ses gentz. Et le vendredy en retournaunt
devers la isle de Constantin, mounseir le ducz remua
à une ville q'est appellé la Egle (2), où mounseir
Charle d'Espayne estoit mis à la mort de..... (3)

Le roy Johan de Fraunce et soun eigné filz Dolphin
de Vienne et son frère ducz d'Orlyens et plusours
grauntz de la terre ove VIII mil gentz d'armes arba-
lestiers et aultres comunes XL mil estoient de costé
de la dite ville à une leage petite d'illesqes ; et de par
le dit roy viendrent à mounseir le ducz II héraudes qe
luy disoient qe le dit roy savoit bien qe par cause qe
mounseir avoit si longement chivaché en soun royalme

---

(1) Le 7 juillet.

(2) Laigle.

(3) Les mots qui manquent ici devaient rappeler la participation
de Charles-le-Mauvais à l'assassinat de Charles d'Espagne.

et demurré si près de luy à Vernoyl q'il fust venu pour avoir la bataille, la qelle il averoit volentiers, s'il vodroit.

Sur qey mounseir lour respondy q'il est venuz en ycelles parties pour certains busoignes feare les qeles il avoit bien comply, Dieu mercy ! et fust en retournaunt là où il avoit affeare ; et se le dit roy Johan de Fraunce luy voloit destourber de soun chemyn il seroit prest de luy encountrer. Après cele heure, il n'avoit pluis novels del dit roy.

Et le samady (1) il se remua de l'Egle à la ville d'Argentyne (2). Et la dismenge il se remua à la ville de Turreye (3). Et la lundy il se remua à l'abbeye de Seint Fromond (4), où il passa une eawe mult perilouse, qar les Fraunceys avoient roumpus le pount. Et en cele païs LX hommes d'armes et aultres servaunts estoient en un embuschement pour feare le mal q'ils pourroient à nos gentz, ove queux XV de nos gentz d'armes d'Engleterre avoient affeare et les tuèrent trestoutz, qele chose fut tenue pour miracle.

Et le marsdy mounseir se remua à Carantan. Et le mescredy il vient à Mountburgh avaunt dit en la isle de Constantyn, le qele jour, quaunt mounseir primerement entra la dite isle, Robert Knolles od VII vingts

---

(1) Le 9 juillet.

(2) Ce même nom de lieu que nous avons déjà appliqué à Argences, ne peut désigner ici que la ville d'Argentan.

(3) Thury, maintenant Thury-Harcourt, arrondissement de Falaise.

(4) Saint-Fromont, sur la Vire, était un prieuré dépendant de l'abbaye de Cerisy.

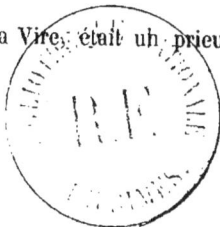

hommes d'armes chivacha devaunt mounseir pour luy et ses gentz herberger, et encountra sodeignement VI vingts hommes d'armes, arblastiers, brigauntz et Fraunceyz q'issirent d'un chastiel q'est en celes parties, pour avoir robbé et arz une ville q'est à nostre obéyssance. Et le dit Robert et les VII vingt ditz hommes d'armes les tuèrent trestoutz, hors pris III qe furent pris à raunsoun.

Et chescune jour les gentz pristrent diverses forteresses et mult graunt plenté de prisonners et du pilage, et à lour retourner amesnèrent ovesqe II mil chivals des enemys; si qe en ceste chivaché mounseir ad eu graunt grace et graunt honour; qar unqes n'estoit vewe si poy de gentz feare tiele chivaché en tiele païs et saunz perdre de ses gentz. En loiez soit Dieux !

Escrit à Mountburgh le XVIᵉ jour du juyl, l'an de grâce mil CCCLVI.

Rouen. — Imp. Léon Deshays et comp.

31